NOELS NOVVEAVX, ET CANTIQVES SPIRITVELS,

Nouuellement composez & mis en lumiere, sur les plus beaux Airs de Cour, & chants de ce temps.

A PARIS,
Chez ANTOINE RAFFLE', ruë de Petit-pont, entre le petit Chastelet, & la Fontaine S. Seuerin, au Chaudron.

M. DC. LXV.
AVEC PRIVILEGE DV ROY,
& Permission.

A MADAME MADAME LA PREMIERE PRESIDENTE.

ADAME,

Quelque dessein que j'aye fait de vous dédier ce petit Liure, ie vous auoüe que j'ay quelque repugnance à vous l'offrir; I'apprehende que le don ne soit pas digne de vous, & que l'on ne blasme ma temerité de ne presenter que des Chansons à une Dame Illustre de vostre Sang, à qui les beaux Esprits du temps font gloire d'offrir leurs plus doctes Ouurages, & ceux où la belle Morale triomphe auec plus d'éclat. Mais quand ie me represente, MADAME, cette facilité auec laquelle vous vous communiquez à tant de personnes, cette pieté qui reluit dans toutes vos actions & dans toutes vos paroles, cet Amour que vous auez pour le Ciel, et ce zele ar-

dant pour tout ce qui le touche; Ie vous auoüe que ie me sens vn peu fortifié dans le desir de vous faire mon Offrande, puis qu'elle n'a pour objet que la pieté que vous cherissez, & qu'elle ne renferme dans soy que des loüanges du Fils de Dieu, dont l'Eglise se prepare à celebrer la glorieuse Naissance. En vn mot, il est vray, MADAME, *que ce sont des Chansons, mais des Chansons Spirituelles, qui taschent d'exprimer le plus haut Mystere de nostre Redemption, & celuy qui fait les delices de vos Meditations ordinaires; C'est sur la ruine des Airs, et des paroles prophanes du temps que j'ay façonné ce petit Re-*

cueil de paroles deuotes; Et pluſt à Dieu que les Chreſtiens n'adreſſaſſent plus de Cantiques qu'au Createur, au lieu de les ſacrifier à la Creature, & qu'il n'employaſſent leur voix & leur plume qu'à loüer ſa Grandeur, & ſon eternelle Beauté, plûtoſt que d'exalter des beautez periſ-ables & mortelles, qui triom-phent vainement ſur la Terre. Certes, MADAME, ſi toutes les perſonnes de voſtre ſexe por-toient la pieté juſqu'au poinct où vous la portez, comme vne Vertu hereditaire à voſtre No-ble Famille, on n'entendroit plus parmy les Fideles ces Airs d'A-mour qui corrompent la Ieuneſſe, & luy laiſſe de ſales impreſſions dans l'esprit; ou si l'on chantoit, ce seroit comme du temps de ce grand Roy Prophete, des Airs en l'honneur de celuy qui ne donna la langue aux Hommes que pour loüer la Magnificence de ses diuins Ouurages. Ce n'est pas, MADAME, que ie croye auoir reüssi dans mon entreprise, ie sçay que tout ce qu'on peut dire de Dieu est toûjours bien au dessous de ce que l'on en doit dire; Et que si les Anges se taisent ne pouuant exprimer ses Grandeurs, les Hommes n'ont rien fait quand ils se sont épuisez sur cette Diuine matiere. Ie ne pretends pas aussi, MADAME, remporter beaucoup de gloire de mon trauail, Lors que *mes petites occupations m'ont donné vn peu de relasche, j'ay employé les heures qui me sont restées, à composer ces Paroles pieuses sur des Airs qui me plaisoient le plus, & que le peuple apres les Grands auoit continuellement dans la bouche. Et apres auoir jetté les yeux sur beaucoup de personnes, ie n'en ay point jugé de qui ie pûsse esperer plûtost la protection que de Vous pour ce petit Ouurage: Accordez-luy, ie vous supplie, MADAME, cette grace, puisque vous ne la refusez pas à ceux qui vous la demandent auecque respect; Vous obligerez vn homme, qui souuent a fait des vœux pour vostre Illustre*

Maiſon. Et ſi le preſent eſt petit, conſiderez plûtoſt, s'il vous plaiſt, le zele de celuy qui vous l'offre, que la qualité de l'Offrande, puiſqu'il eſt vray qu'il n'a point de plus noble paſſion au monde que celle de pouuoir prendre la qualité glorieuſe de,

MADAME,

Voſtre tres-humble & tres-obeïſſant ſeruiteur,
F. COLLETET.

AVIS AVX AMES Pieuſes.

LEs Impies & les Athées qui font raillerie de tout, ne ſe tairont pas à la veuë de ces nouueaux Cantiques ; Leurs langues ſemblables à ces Animaux qui font horreur à la Nature, & qui portent vn poiſon capable de donner la mort, ne manqueront pas de répandre leur venim ſur ce Liure ; & par de criminelles alluſions, prophaner des paroles qui nous doiuent eſtre ſacrées. Auſſi n'eſt-ce pas pour eux que ie mets en lumiere ces Noels nouueaux, puiſque ne connoiſſant point de Dieu, ſelon le Prophete, *Dixit Impius in corde ſuo non eſt Deus*, ils ſont indignes, & de les chanter, & de les lire. C'eſt donc pour vous, Ames Deuotes, qu'ils ſont au jour, & c'eſt à vous que ie les conſacre; puiſque mépriſant toutes les choſes prophanes, vous ne recherchez que les ſaintes pour voſtre ſantification; I'eſpere qu'ils ne vous déplairont pas, puiſque dans leur deuote gayeté, ils ont ie ne ſçay quoy de touchant, & qui vous exprime aſſez naïfuement le premier & le plus grand Myſtere de noſtre Redemption, qui eſt la Naiſſance glorieuſe du Fils de Dieu. Mais pour vous donner vne parfaite idée de chaque Cantique en particulier, j'ay jugé à propos d'y joindre vn Argument, qui vous exprime en peu de mots ce qu'il contient, & ce que vous y deuez remarquer. En cela ie n'ay recherché que la gloire de mon Maiſtre, qu'on ne ſçauroit trop celebrer: Et comme autrefois on a fait des Temples prophanes dediez aux Idoles, de ſuperbes Egliſes conſacrées au Sauueur; de meſme ie me ſuis aduiſé, pour vous faire deuotement paſſer les Aduents qui approchent, de conuertir ces Chanſons de diſſolution & de débauche, que l'on oit tous les iours dans la Ville de Paris, en Cantiques de pieté; afin que ceux qui ont offenſé Dieu par le chant melodieux de ces Airs ſouuent impudiques, ſe ſeruent des meſmes Airs pour le loüer, & pour reconnoiſtre en meſme temps leur crime. Si vous receuez benignement ceux-cy, & qu'ils vous ſoient agreables, ie vous en prepareray d'autres l'Année prochaine, qui ne feront peut-eſtre pas indignes de voſtre lecture. Et pour recompenſe de mon trauail, ie ne vous demande qu'vn ſouuenir en ma faueur, lorſque vous preſenterez vos prieres zelées à celuy que ie chante dans mes Vers; afin qu'animant mon Eſprit, d'vn nouueau feu, ie puiſſe vous donner lieu de temps en temps de le loüer par de nouueaux Cantiques.

Cantate Domino Canticum nouum,
Cantate Domino omnis Terra.

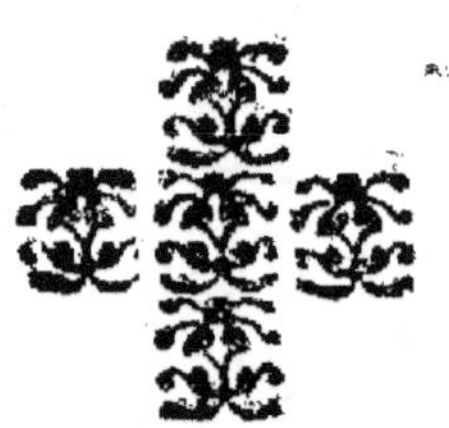

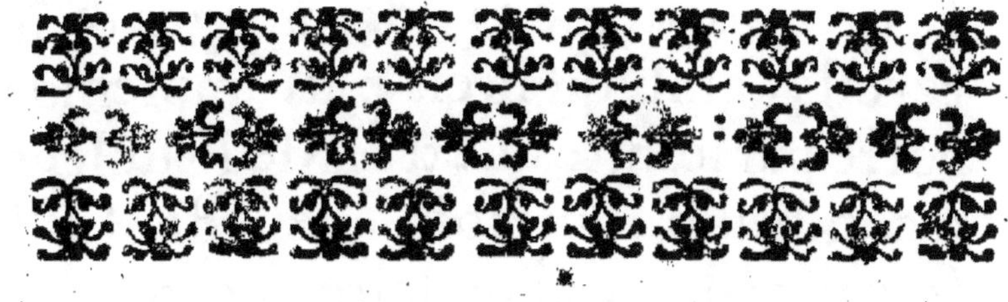

EXTRAICT
du Priuilege du Roy.

PAr grace & Priuilege du Roy, en datte du seiziesme Avril 1658. signé SALMON, & Registré sur le Liure de la Communauté le quatriesme May de la mesme Année, signé BECHET, octroyé au Sieur Colletet, pour l'impression de ses Muses Illustres, Amoureuses, Bachiques, Pieuses & Folâtres: Il est permis par transport dudit Priuilege, à Antoine Rafflé, Imprimeur & Marchand Libraire à Paris, d'imprimer pour cette fois seulement, vn petit Ouurage de Cantiques Spirituels, tirez de ses Muses serieuses, pour le temps de dix Années, à compter du iour de l'impression. Et defenses sont faites à tous Imprimeurs, Libraires, & autres, de faire imprimer, contrefaire, ou en extraire aucune chose, à peine d'amende arbitraire,

& de tous deſpens, dommages & intereſts, ainſi qu'il eſt plus amplement porté par leſdites Lettres de Priuilege; à condition toutefois que ledit Rafflé fournira les Exemplaires portez par le Priuilege, ſuiuant l'Arreſt, afin qu'il en puiſſe joüir paiſiblement enſuite de ſon accord auec ledit Sieur Colletet, pour cette premiere impreſſion ſeulement.

Acheué d'imprimer ce 16. Nouembre 1665.

Permiſſion de Monſieur le Lieutenant Ciuil.

IL eſt permis au Sieur F. Colletet, de faire imprimer par tel Imprimeur ou Libraire qu'il luy plaira, vn petit Liure de Cantiques Spirituels, intitulé, *Les Diuertiſſemens des Ames deuotes pendant les Aduents de Noel*; à condition que l'Imprimeur gardera les Cahiers manuſcris auec deffenſes à tous autres que celuy qu'aura choiſi ledit Colletet, de rien contrefaire ou extraire dudit Liure, à peine d'amende arbitraire. Donné à Paris, le ſeizieſme Octobre mil ſix cens ſoixante-deux. Signé, DAVBRAY.

NOEL

NOEL NOUVEAU,

Sur le chant de l'Eglise.

Conditor alme syderum, &c.

LE DESIR DU FILS DE DIEU de prendre nostre chair humaine pour le rachapt des hommes.

RAND Dieu, du Monde Createur,
Nostre adorable Redempteur,
Escoute nos voix, & nos vœux,
Du Ciel, où sont les Bien-heureux.
Noël, Noël, &c.

Le Monde estoit prest de perir,
Mais pour luy, tu voulus souffrir,
Et tu pris nostre Humanité
Pour accomplir ta Volonté.
Noël, Noël, &c.

Tu n'eus pas formé ce dessein,
Que tu descendis dans le sein
D'vne Vierge dont la pudeur

Estoit digne de ta Grandeur.
Noël, Noël, &c.

AVTRE NOEL NOVVEAV, sur le chant,

O! Monsieur le Capitaine, vous soyez le bien venu, &c.

NOVS ESTIONS SOVS LA puissance du Demon qui se faisoit adorer; mais la venuë du Fils de Dieu nous a rendu la liberté que nous auions perduë.

Sauueur de la Race Humaine
Vous soyez le bien venu,
Tout le monde estoit en peine;
Sauueur de la race humaine,
Qui pourroit rompre la chaisne
Dont il estoit retenu:
Sauueur de la race humaine,
Vous soyez le bien venu.

Le Demon faisoit le Maistre,
Mais il en tient aujourd'huy,
Depuis qu'il vous a veu naistre
Il n'oseroit plus paraitre,

Car il commence à connaitre
Que vous triomphez de luy:
Le Demon faisoit le Maistre,
Mais il en tient aujourd'huy.
Toute la Race Mortelle
Ne tremble plus sous ses loix:
Il auoit vn pied sur elle,
Mais la Sagesse eternelle,
D'vne Vierge pure & belle
Pour le surmonter, fit choix:
Depuis, la race mortelle
Ne tremble plus sous ses loix.

AVTRE NOEL
fort nouueau, sur le chant,
La belle Iris sans cesse me suit,
Ie hay son Amour extresme, &c.

LA IOYE DES SAINTS PERES
detenus aux Limbes, à l'Auenement de Nostre Seigneur IESVS-CHRIST au monde.

Q*Vand* IESVS-CHRIST *nostre bon Sauueur* *bis.*
Par les ordres de son Pere,

Prit icy bas pour nostre bon-heur
Vne Vierge pour ſa Mere ;
Le Limbe en eut de la joye au cœur, bis.
Et dit adieu ſa miſere.

Déja depuis quatre ou cinq mille ans bis.
Ce lieu remply de tenebre,
Seruoit aux Saints Peres du vieux tans
D'vn ſejour triſte & funebre ;
Et tous attendoient impatians bis.
Cet Auenement celebre.

Ces Peres auoient bonne raiſon, bis.
Et faiſoient fort bien de croire,
Que s'ils pouuoient voir cette ſaiſon,
Adieu leur demeure noire ;
Car en effet, de cette priſon bis.
Dieu les tira dans ſa Gloire.

AVTRE NOEL NOVVEAV, ſur le chant, *Perette, Perette, Perette.*

INVITATION AVX HABITANS de la Iudée, de ſe haſter pour eſtre témoins de la Naiſſance du Fils de Dieu.

QViconque veut approcher,
Il faut qu'il ſe dépeſche,

Pour voir cet Enfant si cher,
Qui choisit pour se coucher
La Cresche, la Cresche, la Cresche.
Voicy l'heure de minuit
De la nuit la plus fraische,
Entrez pour voir le sainct Fruit,
Et baisez sans faire bruit
La Cresche, la Cresche, la Cresche.
Le petit IESVS *est né,*
Par ses cris il nous presche
Qu'il estoit predestiné
Pour benir, comme l'aisné
La Cresche, la Cresche, la Cresche.
Adorons ce bon IESVS,
Rien ne nous en empesche,
Aimons-le tant que rien plus,
Puisqu'il vient pour nous dessus
La Cresche, la Cresche, la Cresche.
Son but est de rachepter
L'homme mortel qui pêche;
Dieu peut-il le mieux traiter?
Qu'il vienne donc respecter
Sa Cresche, sa Cresche, sa Cresche.

AVTRE NOEL NOVVEAV, ſur le chant,

Ie ne vous veux point connoiſtre,
L'amour fait tròp d'embarras, &c.

MALHEVR AVX IMPIES, & aux Athées, qui ne connoiſſent point le Fils de Dieu, & qui ne feſtent point le jour de ſa glorieuſe Naiſſance.

NE voulez-vous point connaitre
IESVS qui naiſt icy bas?
C'eſt pour vous qu'il vient de naiſtre,
Et vient ſouffrir le treſpas:
S'il vous aime, ce bon Maiſtre,
Quoy! ne l'aimerez-vous pas?
Quitez voſtre humeur impie
Qui n'aura qu'vn triste ſort,
Et venez chercher la Vie
Au lieu de chercher la Mort:
Voſtre criminelle enuie
Vous feroit perir au port.
Croyez ce que croit l'Egliſe,
Soûmettez-vous par amour;
Qui n'a pas l'Ame ſoûmiſe,

Aura des regrets vn iour:
Car quiconque la mesprise,
Dieu le mesprise à son tour.
Quitez-donc, maudit Athée,
Vostre Atheïsme aujourd'huy;
Et que vostre Ame attristée
Cherche Dieu pour son appuy:
Puis qu'au feu précipitée
On n'a plus pardon de luy.

NOEL NOVVEAV, sur le chant, *Des chapeaux de paille, &c.*

EXHORTATION

Aux Pasteurs de la Iudée, de s'approcher de Bethléem, & d'y adorer vn Dieu sous la figure d'vn veritable Enfant, qui quoy que pauure en apparence, est neantmoins la mesme Richesse, puisqu'il a creé toutes choses, & que toutes choses luy appartiennent.

APprochez-vous,
O! Berger & Bergere,
De cet aimable lieu;

Et quitez tous
Houlettes & feugere
Pour voir le Fils de Dieu;
Qu'aucun d'icy, de la nuit ne s'en aille,
Il est sur la paille, Dieu,
Il est sur la paille.

Prenez pitié
De cet Enfant si tendre
Qui souffre tant de froid;
Quelle amitié!
Il gele à pierre fendre,
Et s'il naist sous ce toit;
Pleurez sur luy, car c'est pour vous, canaille,
Qu'il est sur la paille, Dieu,
Qu'il est sur la paille.

Si vous auez
Des presens à luy faire
Offrez-luy promptement;
Car vous sçauez
Faute du necessaire
Qu'il loge pauurement;
Sa Mere & luy, n'ont ny denier ny maille,
Il est sur la paille, Dieu,
Il est sur la paille.

Quoy qu'indigent
Il ne laisse pas d'estre
L'vnique Roy des Roys;
L'or, & l'argent

De luy reçoiuent l'estre,
Et tout ce que tu vois;
Mais ces thresors, c'est à nous qu'il les baille,
Et ne reserue pour luy
Qu'vn bouchon de paille.
Prions-le tous
Cet Enfant qui nous aime,
Qu'à l'heure du trespas,
Il songe à nous,
Et sa gloire supresme
Ne nous refuse pas;
Reconnoissons, que pour nous il trauaille,
Quand il choisit, ce grand Dieu,
La Cresche, & la paille.

AVTRE,

Sur l'air du Balet du Roy.

Sommes-nous pas trop heureux, &c.

LE COMMVN RAVISSEMENT des Bergers, lors qu'il apprennent la Naissance du Fils de Dieu, & l'empressement qu'ils font paroître à l'accabler de presens.

FVt-il jamais vne nuit
A cette nuit-cy pareille?

Pendant que chacun sommeille
Loin du tumulte & du bruit,
IESVS l'Autheur de la Vie,
Cet Astre neuf mois caché,
Sort du beau sein de Marie
Pour détruire le peché.

Cette Mere du Sauueur,
La plus aimable du monde,
Dans vne attente profonde
Le voit naistre sans douleur;
Et par vn Miracle extresme
A cette Natiuité,
Son sein, la pureté mesme,
Conserue sa pureté.

Le Maistre de l'Vniuers
N'est pas plustost dans ses langes
Qu'on oit les neuf Chœurs des Anges
Former de diuers concers;
Les Bergers dans les campagnes
Epris de ces Airs nouueaux,
Quitent troupeaux & Montagnes,
Cornemuse, & chalumeaux.

Poussez d'vne sainte ardeur
D'adorer ce Diuin Maistre,
Que le Ciel leur fait connaitre
Pour leur commun Createur;
Ils vont tous en allegresse
Chargez d'Anneaux & de fleurs,

Voir leur Maistre & leur Maitresse
Dans ce Palais de douleurs.
Encor que deux Animaux
Eschauffent de leur haleine
Sa Majesté Souueraine
Qui gémit sous ses lambeaux ;
Ce spectacle lamentable
N'empesche point ces Pasteurs,
D'offrir à Dieu, dans l'Estable
Et leurs presens, & leurs cœurs.
IESVS *tout Enfant qu'il est,*
Reçoit leur rustique hommage,
Et monstre dans son visage
Que leur hommage luy plaist ;
Mais cette Auguste Personne
Receuant ces Paysans,
Prise le cœur qu'on luy donne
Beaucoup plus que les presens.

AVTRE,
sur l'air commun,
Il n'est rien de si tendre, &c.

ON DOIT PREFERER L'AMOVR de Dieu à tous les thresors de la Terre, & à toutes les Amitiez prophanes.

IL n'eſt rien de plus tendre
Que l'Amour du Sauueur;
Et c'eſt vn grand malheur
A qui s'en veut defendre
Pour mettre ailleurs ſon cœur:
Il n'eſt rien de plus tendre
Que l'Amour du Sauueur.

Rien n'eſt plus deteſtable
Que le prophane Amour;
Quand on luy fait la cour
L'on deuient miſerable,
Et puis l'on dit vn iour:
Rien n'eſt plus deteſtable
Que le prophane Amour.

Si c'eſt faire vne injure
A ce doux Redempteur,
Au lieu du Createur
D'aimer la Creature:
Quitons-la de bon cœur,
Si c'eſt faire vne injure
A ce doux Redempteur.

Pour moy, Sauueur ſupreſme,
Ie vous aime ſur tous;
Et vous prie à genoux
D'vne faueur extreſme,
Me l'accorderez-vous?
Pour moy, Sauueur ſupreſme,
Ie vous aime ſur tous.

Donnez-moy vostre grace
Dont ie suis amoureux ;
Afin que dans les Cieux
Ie merite vne place
Parmy les Bien-heureux :
Donnez-moy vostre grace
Dont ie suis amoureux.

AVTRE,
sur l'air,
Pendant que nous sommes
Nous faut réjoüir, &c.

LE DESESPOIR DV DEMON, voyant le Monde rachepté du peché, par la Naissance du Fils de Dieu.

QVand Dieu nostre Maistre
Nasquit parmy nous, *bis.*
Le Diable qui le vit naistre,
De ce bon-heur fut jaloux.
Adieu ma puissance,
Dist lors le Demon, *bis.*
Cette Diuine Naissance
Saune l'Homme tout de bon.
Ie tenois le Monde

Captif dans mes fers; *bis.*
Mais vne Vierge feconde
Le déliure des Enfers.
La funeste Pomme
Qu'il auoit mordu, *bis.*
Sans la Mort du Fils de l'Homme,
L'eut à tout jamais perdu.
Ainsi sa misere
Sathan maudissoit, *bis.*
Quand le Fils de Dieu le Pere
Parmy les Hommes naissoit.

AVTRE, sur l'air de *La nopce de Ieanne.*

LE MALHEVR QVE LE PECHE' du premier Homme a causé à toute la Race Mortelle.

QV'Adam fut vn pauure homme
De nous faire damner,
Pour vn morceau de pomme
Qu'il ne put aualer;
Sa femme sans cesse
Le flatte, le presse

D'en gouster vn petit,
Croyant que la sagesse
Que le Diable auoit dit,
Gisoit dedans ce fruit. bis.

Mais s'estant apperceuë
Que sage on n'estoit pas,
Se voyant toute nuë
Apres ce beau repas,
Honteuse, tremblante,
Piteuse, dolente,
Elle coure au figuier;
Et ramassant ses fueilles
Tasche de les plier
Pour faire vn tablier. bis.

Cependant nostre Pere
Que le morceau pressoit,
Tout rouge de colere
Sa femme maudissoit;
Perfide, cruelle,
Credule, rebelle,
Tu trompes ton époux,
Que dira nostre Maistre?
Fuyons, & cachons-nous,
Ie crains trop son couroux. bis.

A ce bruit déplorable
Dieu descend promptement,
Et d'vn air amiable
Appelle doucement,

Mon Eue, ma fille,
Espouse gentille,
Adam de moy chery:
Mais à cette semonce,
Ny femme ny mary
Ne disent me voicy. bis.
L'Autheur de la Nature
A qui rien n'est caché,
Sous vn tas de verdure
Descouure Adam couché,
Tout triste, tout pasle,
Qui tremble, tout sale
De s'estre ainsi traisné;
Qui respond, c'est la Femme
Que vous m'auez donné
Qui m'a presque damné. bis.
La Femme à cette plainte
Contre Adam se defent,
Et dit que sa contrainte
Ne vient que du Serpent;
Que dire? que faire?
De rire, de braire,
Ce n'est plus la saison;
Dieu leur ouure la porte,
Et comme de raison,
Leur defend sa Maison. bis.
Cette triste infortune
Causa tous nos malheurs,

La vieillesse importune,
Les plaintes & les pleurs,
La peste, la guerre
Par toute la Terre
S'épandit à son dan,
Pour punir l'insolence
De nostre Pere Adam
Dans chaque descendan. *bis.*

AVTRE, sur l'air, *Branslons le menton, branslons la machoire, &c.*

LES IVIFS MECONNOISSENT le Messie; & Dieu pour éuiter leur cruauté, & la persecution d'Herode, se retire en Egypte auec Ioseph & Marie.

LE iour de Noël
Est vn iour notable,
Il est solemnel
Autant qu'adorable;
Puisque c'est le iour
Où IESVS *mon Maistre*

Pour nous voulut naistre
Comme vn Dieu d'amour.

Les Iuifs inhumains
Iamais ne connûrent
Ce Dieu des humains,
Encor qu'ils le sceurent;
D'où vient qu'en ce iour
Ce Monarque aimable
Choisit vne Estable,
Dont il fit sa Cour.

Malgré la rigueur
De ce peuple lasche,
A voir son Seigneur
Tout le monde tasche;
Le peuple, & les Roys
Viennent reconnaitre
Ce Dieu pour leur Maistre,
De plusieurs endroits.

On oit dans les Airs
Vne troupe d'Anges,
Former des concers
Remplis de loüanges;
Le Iuif estonné
Tremble, & se soucie
De voir le Messie
Dans l'Estable né.

Dans l'ardant couroux
Qu'allume leur hayne,

Ils meditent tous
Sa mort inhumaine ;
Et pour mieux sçauoir
S'il est Roy du Monde,
Ce fier peuple sonde
Ceux qui le vont voir.
Mais pour le punir,
Le bon Dieu renuoye
Ceux qu'il voit venir
Par vne autre voye :
Et ces durs tyrans
Pour saouler leur rage,
Iurent le carnage
Des petits Enfans.
On en vient aux mains,
On les sacrifie ;
Le Dieu des humains
Pour garder sa vie,
S'expose au hazart
Auecque sa Mere,
Et Ioseph son Pere,
D'aller autre part.
L'Egypte est le lieu
Où cette Famille,
Conduite de Dieu
Va d'vn pas habile ;
Fuyant la rigueur
D'Herode seuere,

Qui dans sa colere
En veut au Seigneur.
Prions tous IESVS,
Ioseph & Marie,
Que ne pechant plus
Toute nostre vie,
Nous puissions vn iour
Dans sa sainte Gloire,
En quoy l'on doit croire,
Faire vn long sejour.

AVTRE NOEL NOVVEAV, sur l'air ancien *des Pellerins de S. Iacques.*

REFLEXIONS MORALES sur la Cresche de Nostre Seigneur.

VOicy le iour de la Naissance
Du Fils de Dieu,
En signe de réjoüissance
Dans ce saint lieu,
Chantons d'vn air melodieux
Quelque Cantique,
Qui plaise au Monarque des Cieux
Par sa douce Musique.

Ou plustost faisons vn voyage
Deuotement,
En Bethléem ce lieu sauuage
Extremément,
Où IESVS nostre Redempteur
Et nostre Maistre,
Malgré l'Hyuer & sa rigueur,
Aujourd'huy voulut naistre.
O! que cette Estable est deserte,
Qu'il y fait froit,
De tous costez elle est ouuerte
Iusques au toit,
Et n'est endroit par où le vent
N'entre & ne sorte;
Ie n'y vois point de contreuent,
Non pas mesme de porte.
Comment dans cette affreuse Estable,
Dites vn peu,
Pouuez-vous, Monarque adorable,
Naistre sans feu?
Comment auec si peu de soin,
Grand Roy des Anges,
Vous laisse-t'on dessus du foin
Trembler dedans vos langes?
Il faut bien, Monarque supresme,
Que vostre Amour
Pour tous les hommes soit extresme
En ce saint Iour,

De souffrir pour vous en ce lieu,
Malgré leur haine,
Vous qui pouuiez, en tant que Dieu,
N'en point auoir la peine.
Pour moy ie vous-en remercie,
Mon bon IESVS,
Et vous priray toute ma vie
Tant que rien plus,
Que vous daigniez toucher mon cœur
De tant de graces,
Qu'il puisse toûjours, mon Sauueur,
Voler dessus vos traces.

AVTRE NOEL tout nouueau, sur le Cantique joyeux de Pasques, *O filij & filiæ, &c.*

OBLIGATION QVE LES Hommes ont à Dieu, d'estre descendu du Ciel en Terre pour eux, & d'auoir pris Chair humaine dans le sein de la Vierge Marie.

SI Dieu vient au Monde aujourd'huy,
Courons tous au deuant de luy,

Et chantons d'vn air solennel,
Noel, Noel.
Quoy qu'il ne soit qu'vn pauure Enfant,
C'est pourtant vn Dieu triomphant,
Enuoyé du Pere Eternel,
Noel, Noel.
N'eut-il pas beaucoup de bonté
De prendre nostre humanité,
Et de naistre en Homme mortel,
Noel, Noel.
Lors qu'en l'Estable on l'apperceut,
Pour Dieu, peu de monde le crut,
Car il ne paroissoit pas tel,
Noel, Noel.
S'il fut reconnu pour Sauueur,
Ce fut seulement du Pasteur,
Qui vint chanter dans son Hostel,
Noel, Noel.
Trois Roys auec beaucoup de soin,
Partirent aussi de bien loin
Pour luy dédier vn Autel,
Noel, Noel.
Pour les conduire en ce saint lieu
Par l'ordre de cet Homme Dieu,
Vn Astre marcha dans le Ciel,
Noel, Noel.
Pour solenniser ce saint Iour,
Qui doit nous enflamer d'amour,

Chantons ce Cantique immortel,
Noel, Noel.

AVTRE NOVVEAV, ſur le chant,

Noel pour l'amour de Marie, &c.

LES INCOMMODITEZ QVE Dieu a volontairement ſouffertes pour l'amour qu'il portoit aux Hommes.

A Fin de charmer la triſteſſe
Qui tient mon cœur comme en priſon,
Ie veux monſtrer de l'alegreſſe
Dedans cette ſainte ſaiſon,
Puiſque IESVS *mon Diuin Maiſtre,*
Pour ſauuer tout le Genre humain,
Dans vne Eſtable voulut naiſtre,
Et ſouffrir le froid, & la faim.
Quand ie repaſſe en ma memoire
Ce Myſtere ſi glorieux,
Que IESVS*, du haut de ſa Gloire*
Soit deſcendu dans ces bas lieux;
Qu'il tremble dedans vne Eſtable
Au milieu de deux Animaux,

Ie plains ce Monarque adorable,
Qui souffre pour nous tant de maux.
Sont-ce pas des choses estranges!
Que ce grand Roy de l'Vniuers,
Qui commande aux neuf Chœurs des Anges,
Et fait mouuoir les Cieux diuers,
Qui crea toute la Nature
D'vn petit souffle seulement,
Ait quité pour la Creature
Les delices du Firmament?
Il me semble que sur la Terre
Ie voy ce Prince nompareil,
Qui pour cheuet n'a qu'vne pierre,
Quoy qu'il brille comme vn Soleil;
Que le pauure Pasteur champêtre,
D'vn cœur humble & deuotieux,
Vient adorer & reconnaitre
Comme Enfant du Pere des Cieux.
Les Anges emeus d'vn spectacle
Qui doit surprendre l'Vniuers,
Pour publier ce grand Miracle
Sortent des Cieux qui sont ouuers.
Trois grands Roys à cette nouuelle
Quitent leurs Thrônes & leurs Dais,
Et viennent conduits d'vne Estoile
Adorer Dieu dans son Palais.
Quoy que son Palais soit sauuage,
Et quoy qu'il y soit pauurement;

Les trois Roys luy rendent hommage,
Et l'adorent profondement.
Sçachant qu'encor que la misere
Regne auecque luy dans ce lieu,
Qu'vn Dieu tout-puissant est son Pere,
Et qu'il est luy-mesme Homme & Dieu.

AVTRE NOEL NOVVEAV, sur le chant diuertissant,

Quand la Mer rouge apparut
A la troupe noire, &c.

LA IOYE VNIVERSELLE DE LA Iudée à la Naissance du Fils de Dieu, les presens des Bergers, la reception que leur fait Ioseph, les dons des trois Roys, qui representent les Attributs de IESVS-CHRIST.

QVand Dieu nasquit à Noel
Dedans la Iudée,
On vit ce Iour solennel
La joye innondée;
Il n'estoit petit ny grand
Qui n'apportast son present,
Et no, no, no, no,

Et ne frit, frit, frit, frit,
Et no, no, & ne frit,
Et n'offrit ſans ceſſe
Toute ſa Richeſſe.
L'vn apportoit vn Anneau
Auec vn grand zele,
L'autre vn peu de laict nouueau
Dedans vne eſcuelle;
Tel, ſous ſes pauures habits,
Cachoit vn peu de pain bis
Pour la, la, la, la,
Pour la ſain, ſain, ſain,
Pour la, la, pour la ſain,
Pour la Saincte Vierge,
Et Ioſeph Concierge.
Ce bon Pere putatif
De IESVS *mon Maiſtre,*
Que le Paſteur plus chétif
Deſiroit connaitre;
D'vn air obligeant & doux
Receuoit les dons de tous,
Sans cé, cé, cé, cé,
Sans ré, ré, ré, ré,
Sans cé, cé, ſans ré, ré,
Sans ceremonie
Pour le Fruit de Vie.
Il ne fut pas juſqu'aux Roys
Du riuage More,

Qui joints au nombre de trois,
Ne vinssent encore.
Ces bons Princes d'Orient,
Offrirent en le priant
L'en, l'en, l'en, l'en, l'en,
Cens, cens, cens, cens, cens,
L'en, l'en, l'en, cens, cens, cens,
L'Encens, & la Myrrhe,
Et l'Or qu'on admire.
Quoy qu'il n'en eust pas besoin
IESVS *nostre Maistre,*
Il en prit auecque soin,
Pour faire connaitre
Qu'il auoit les qualitez
Par ces dons representez,
D'vn vray, vray, vray, vray,
D'vn Roy, Roy, Roy, Roy,
D'vn vray, vray, d'vn Roy, Roy,
D'vn vray Roy de gloire
En qui l'on doit croire.
Plaise à ce Diuin Enfant
Nous faire la grace,
Dans son Sejour triomphant
D'auoir vne place:
Si nous y sommes jamais,
Nous gousterons vne Paix,
De lon, lon, lon, lon,
De gue, gue, gue, gue,

De l'on, l'on, de gue, gue,
De longue durée
Dans cet Empirée.

AVTRE NOEL NOVVEAV, ſur le Vaudeuille,

I'ay dans ma pochette
Vn petit Moineau, &c.

LA SAINTE RECEPTION QVE Ioſeph fait aux trois Roys, & aux Paſteurs de Iudée, qui viennent adorer IESVS-CHRIST dans la Creſche.

PEcheur, ie te prie,
Ne ſoûpire plus, *bis.*
La Vierge Marie
Enfante vn, ſans nulle peine,
Enfante vn, la Souueraine,
Enfante vn IESVS.

Quoy qu'en vne Eſtable
Il naiſſe aujourd'huy,
Rien n'eſt plus aimable,
Ny plus grand, ſans nulle peine,
Ny plus grand, la Souueraine,
Ny plus grand que luy.

Pour voir ce grand Maiſtre
Qu'on trouue ſi beau,
Le Paſteur Champeſtre
Quite ſon, ſans nulle peine,
Quite ſon, la Souueraine,
Quite ſon troupeau.
De ſa pannetiere
Il tire des fleurs,
Et le pied derriere
Luy fait des, ſans nulle peine,
Luy fait des, la Souueraine,
Luy fait des honneurs.
La joye eſt ſi grande
Chez les Payſans,
Qu'on les voit par bande
Courir dans, ſans nulle peine,
Courir dans, la Souueraine,
Courir dans les chams.
Trois Princes de marque
Souffrent mille maux,
Cherchant ce Monarque
Par Monts &, Dieu quelle peine!
Par Monts &, la Souueraine,
Par Monts, & par vaux.
Vne Eſtoile fiere
Qui paroiſt aux Cieux,
Leur ſert de fouriere,
Pour marquer, ſans nulle peine,

Pour marquer, la Souueraine,
Pour marquer les lieux.
Ces trois Princes ſages
Aux pieds de IESVS,
Rendent des hommages
Si grands que, ſans nulle peine,
Si grands que, la Souueraine,
Si grands que rien plus.
Ioſeph ce ſainct Homme
Pour les receuoir,
N'auoit qu'vne pomme
Dans ſon ré, Dieu quelle peine!
Dans ſon ré, la Souueraine,
Dans ſon reſeruoir.
Si Ioſeph n'a guere
Il leur donne peu,
Et ne peut leur faire
Seulement, ô quelle peine!
Seulement, pour toute eſtrenne,
Seulement du feu.

PAROLES NOVVELLES, ſur l'air,

Ie ſens pour vous depuis vn iour
Ie ne ſçay quoy de ſi tendre, &c.

LA VENVE DV FILS DE DIEV, ses souffrances dans l'Estable, & ses douleurs sur le Caluaire, sont autant de marques d'vn Amour extraordinaire enuiers les Hommes, luy qui pouuoit se dispenser de souffrir, par des moyens plus doux & moins penibles.

Ne soyons plus si serieux,
Esuitons le reproche,
Puisque l'on doit estre joyeux
Dés que Noël approche.

En effet, pourquoy soûpirer,
Puisque Dieu sur la Terre,
Vient à dessein de declarer
Au vieux Serpent, la guerre?

Ce Demon nous auoit perdus
Par sa maudite enuie;
Mais la Naissance de IESVS
Nous redonne la vie.

Qu'il eut de charité pour toy,
O pecheur miserable!
De naistre, & de souffrir le froy
Dans le sein d'vne Estable.

Sans venir du Ciel icy bas
Pour nous oster de peine,
Ce grand Dieu ne pouuoit-il pas
Sauuer la Race Humaine?

Vne

Vne parole ſeulement
De ſa bouche ſupreſme,
Pouuoit, du ſein du Firmament
Nous affranchir de meſme.
Mais ſi ce Monarque, en ce iour
Eut agy de la ſorte,
On euſt pû douter de l'Amour
Que ce grand Dieu nous porte.
Donc afin de n'en pas douter,
Cette Ame toute pure
A voulu pour nous habiter
Dans vne Creature.
Non content meſme de ſouffrir
En ce iour ſalutaire,
Il a fait gloire de mourir
Sur le triſte Caluaire.
Que ne faut-il donc point pour luy
Endurer, ie vous prie,
S'il commence dés aujourd'huy
A ſouffrir dans la vie?
Pour vous imiter, mon Sauueur,
Et marcher ſur vos traces,
Eſchauffez, s'il vous plaiſt, mon cœur
De vos diuines graces.

AVTRE TOVT NOVVEAV, sur l'air commun, *Réueillez-vous belle endormie.*

CANTIQVE DE IOYE, ou Action de grace à Dieu.lorsque la Paix generale fut faite.

LE Ciel enfin nous est prospere,
Il accorde à nos vœux la Paix ;
Si la France eut quelque misere,
Elle aura du bien desormais.
Admirons cette Conjoncture,
La Paix s'est faite entre nos Roys,
Au Temps qu'en toute la Nature
Dieu naissant, la fit autrefois.
Sous nostre Roy, Fils d'vn Roy juste,
Nous crirons donc d'vn ton joyeux,
Comme on crioit dessous Auguste,
Paix sur la Terre, & gloire aux Cieux.
Mais dans l'ardeur qui me transporte,
Apres cét Acte solennel,
Ie veux chanter d'vne voix forte,
Tantost la Paix, tantost Noël.

HYMNE,

A la loüange de S. François de Sales, Euesque de Genesve, mis depuis peu au nombre des Saincts par nostre S. Pere le Pape Alexandre VII.

Sur le chant des Venitiens.

Parisiens qu'on s'appreste,
Faut monter à cheual, &c.

SVs, que chacun s'appreste
Et ménage sa voix,
Pour celebrer la Feste
D'vn nouueau SAINCT FRANÇOIS,
De cette Ame innocente,
Le Flambeau des Prelats,
DE SALES, *dont l'on chante*
Les vertus icy bas.

Son Illustre Naissance
Est connuë en tout lieu;
Il eut dés son Enfance
Vn tel Amour pour Dieu,
Qu'on ne vit jamais Ame
Brûler de plus d'ardeur,

Ny jamais plus de flâme
Animer vn bon cœur.
Ce fut ce mesme zele
Qui le fit trauailler,
Pour son troupeau fidele
Qu'vn Pasteur doit veiller;
Cent fois dedans Genesve
On a veu ce Prelat,
Sans armes ny sans glaiue
Triompher au Combat.
Par le Nom de son Maistre
Le Sauueur IESVS-CHRIST,
Qu'il donnoit à connaitre
Par son diuin Esprit,
Il rompoit les pratiques
De ses fiers ennemis;
Et leurs cœurs heretiques
Luy deuenoient soûmis.
Son zele & son exemple
Est, ce qui les touchoit,
Ils méprisoient leur Temple
Si tost qu'il leur preschoit;
Et d'vne Ame soûmise
Sentant leur cœur changer,
Dans le sein de l'Eglise
Ils venoient se ranger.
Sil estoit des Oracles
Comme au vieux Siecle d'or,

Pour dire les Miracles
Qu'on luy vit faire encor,
Leurs bouches eloquentes
Qu'on voudroit écouter,
Tromperoient nos attentes
Ne les pouuant compter.
Il n'est donc que les Anges
Qui puissent dignement
Celebrer les loüanges
De cét Esprit charmant ;
Mais que chacun s'empresse
Seulement icy bas,
De le prier sans cesse,
Et marcher sur ses pas.
Ses Vertus qu'on reuere,
Et qu'on doit reuerer,
Ont fait que le SAINT PERE
Pour le mieux honorer,
A placé ce Saint Homme
Au rang des Bien-heureux,
Et feste dedans Rome
Sa gloire dans les Cieux.
Tant de saintes Familles
Dont il fut le Pasteur,
Tant de Maisons de Filles
Dont il fut Fondateur,
Témoignent tant de joye
De ce Iour solennel,

Que chacune en enuoye
Ses vœux jusques au Ciel.

AVTRE NOEL,
ſur cét Air de Cour,
Reuien, mon adorable Ariſte, &c.

INVITATION AVX PASTEVRS de Bethléem, de venir adorer Dieu dans ſa Creſche.

CHantons la Naiſſance adorable
Du Createur du Ciel, du Sauueur IESVS-CHRIST,
Offront-luy noſtre cœur, offrons-luy noſtre Eſprit;
Et de ce Dieu couché dans vne Eſtable,
Chantons la Naiſſance adorable.
Approchez-vous, troupe champeſtre,
De ce diuin Enfant, que le Ciel connoiſt bien,
C'eſt le Maiſtre de tout, qui crea tout de rien;
Venez-le voir; Et pour le mieux connaitre,
Approchez-vous, troupe champeſtre.
S'il n'eut pris la Nature Humaine,
L'Enfer eut triomphé de tout le Genre Humain,

Sathan dans l'Vniuers eut esté Souuerain,
Et Dieu pour nous n'eust eu que de la hayne,
S'il n'eut pris la Nature Humaine.

AVTRE NOEL NOVVEAV, sur l'air,

Tu as endormy ma Mere, &c.

L'ADORATION DES TROIS Roys, & des Pasteurs de Iudée.

Voicy le sainct Iour
D'vne grande Feste, bis.
Il faut à son tour
Qu'vn chacun s'appreste,
Noël, Noël,
A celebrer la Naissance
De ce doux IESVS,
Qui par son, son, son Enfance
Nous monstre vn Amour si grand que rien plus.

Approchons du lieu
Tous tant que nous sommes,
Où ce puissant Dieu
Naist parmy les hommes,
Noël, Noël,
Et celebrons la Naissance

De ce doux IESVS,
Qui par ſon, ſon, ſon Enfance,
Nous monſtre vn Amour ſi grand que rien
plus.
Les humbles Paſteurs
Viennent reconnaitre
Ce Dieu dans les pleurs
Pour leur diuin Maiſtre,
Noël, Noël,
Et celebrer la Naiſſance
De ce bon IESVS,
Qui par ſon, ſon, ſon Enfance,
Nous monſtre vn Amour ſi grand que rien
plus.
Le fidele Eſpoux
De ſa Saincte Mere,
Les introduit tous
D'vne Ame ſincere,
Noël, Noël,
Pour celebrer la Naiſſance
De ce doux IESVS,
Qui par ſon, ſon, ſon Enfance,
Nous monſtre vn Amour ſi grand que rien
plus.
C'eſt plaiſir de voir
Trois Princes eſtranges,
Rendre leur deuoir
A ce Roy des Anges,

Noël, Noël,
Et reuerer la Puiſſance
De ce bon IESVS,
Qui par ſa, ſa, ſa Naiſſance,
Nous monſtre vn Amour ſi grand que rien plus.

Ce Dieu Triomphant
Qui Sauueur ſe nomme,
Quoy que jeune Enfant,
Les reçoit en homme,
Noël, Noël,
Les Roys font la Reuerence
A ce bon IESVS,
Qui par ſa, ſa, ſa Naiſſance,
Nous monſtre vn Amour ſi grand que rien plus.

Il prend vn peu d'Or,
D'Encens & de Myrrhe,
Ce que Melchior
Dans ſon cœur admire,
Noël, Noël,
Et reuerons la Puiſſance
De ce bon IESVS,
Qui par ſa, ſa, ſa Naiſſance,
Nous monſtre vn Amour ſi grand que rien plus.

Prions tous de cœur,
Mais d'vn cœur de flâme,

Que ce bon Sauueur
Sauue vn iour nostre Ame,
Noel, Noel,
Et reuerons la Puissance
De ce bon IESVS,
Qui par sa, sa, sa Naissance
Nous monstre vn Amour si grand que rien plus.

AVTRE,
sur l'air,
Philis que l'Amour est doux
Auprés de vous.

LE FILS DE DIEV, QVOY QVE Createur du Ciel & de la Terre, meprise toutes ces Grandeurs pour se faire Homme.

CHassons loin de nous l'ennuy,
Car aujourd'huy
Nostre bon Sauueur IESVS
Vient naistre de Marie
Dans vne Bergerie.
Bethléem est le sainct lieu,
Où ce grand Dieu

Veut paroitre pauurement;
Et la plus triste Estable
Est son Louure adorable.
Il méprise les Grandeurs,
Et les honneurs,
Quoy qu'il ait fait Paradis,
Et tout ce qu'il enserre,
Aussi-bien que la Terre.
L'Air, les Poissons, & les Eaux,
Les Animaux,
Les Astres du Firmament
Diuisez par estages,
Sont ses riches Ouurages.
Sur tout l'Homme si bien fait
Est son Portrait;
Et ce Dieu l'aime si fort,
Que pour l'oster de peine
Il a pris chair humaine.
Le peché du Pere Adam,
Apres Sathan,
Perdoit tout le Genre humain,
Sans l'Amour sans seconde
De ce Sauueur du Monde.
Ny la rigueur des grands frois,
Ny d'autres Croix,
Ny voyages, ny trauaux,
N'effacerent l'enuie
Qu'il eut d'offrir sa vie.

Depuis son jeune Printemps
Iusqu'à trente ans,
Il mourut plus de cent fois,
Mais sa Mort plus amere
Fut celle du Caluaire.

Prions d'Amour & de cœur
Ce bon Sauueur,
Qu'apres tant de maux soufferts
Pour sa Race Mortelle,
Sa Gloire soit pour elle.

PAROLES NOVVELLES, sur l'air des Triolets.

LA REIOVISSANCE GENERALE des bons François, sur le sujet de la Paix entre les deux Couronnes.

Nous voicy dans le siecle d'or,
La Paix regne dessus la Terre,
Nous nous réjoüirons encor,
Nous voicy dans le siecle d'or:
O Dieu! le precieux thresor,
On ne parlera plus de guerre,
Nous voicy dans le siecle d'or,
La Paix regne dessus la Terre.

Le Ciel fauorise les vœux

De nostre Roy, de nostre Reyne;
Et comme il les cherit tous deux,
Le Ciel fauorise les vœux,
Touché de nous voir malheureux,
Il veut terminer nostre peine:
Le Ciel fauorise les vœux
De nostre Roy, de nostre Reyne.
Que la France aura de plaisir
De chanter Noel cette Année,
La Paix luy donnera loisir,
Que la France aura de plaisir,
Depuis long-temps elle eut desir
De voir la guerre terminée:
Que la France aura de plaisir
De chanter Noel cette Année.
Loüons le Seigneur à jamais
Du fonds du cœur, du fonds de l'Ame,
C'est luy qui nous donna la Paix,
Loüons le Seigneur à jamais,
Comme il exauce nos souhaits,
Il est juste qu'on le reclame:
Loüons le Seigneur à jamais,
Du fonds du cœur, du fonds de l'Ame.

AVTRE NOVVEAV, sur l'air, *Amy ne passons point Creteil.*

LE DESIR ARDANT QVE DIEV eut de souffrir la Mort & Passion pour le Genre humain, aussi-tost qu'il fut sur la Terre.

CHrestien, ne passons point Noel
Sans benir le Pere Eternel,
Dont le Fils bien-aimable
A quité les Thresors du Ciel
Pour vne pauure Estable.

Ce bon Dieu, qui naist dans le froit,
Fait aujourd'huy plus qu'il ne doit
Pour tous tant que nous sommes;
Et par là, tout le Monde voit
Comme il aime les Hommes.

A peine a-t'il l'âge d'onze ans
Qu'il dispute auec les Sçauans
Sur la Loy de son Pere;
Et tous ceux qu'il voit ignorans,
Ce grand Dieu les esclaire.

Poussé du desir de souffrir,
Pour les pecheurs il veut mourir,

Mais d'vne Mort cruelle,
Afin de les pouuoir guerir
De la Mort eternelle.
Marie à qui ce Fils est cher,
Semble contre luy s'en fascher;
Mais que peut-elle faire?
Elle ne le peut empescher
D'obeïr à son Pere.

AVTRE, sur l'air, *Le Cocher qui vous a versé, &c.*

ACTION DE GRACES A DIEV, pour la Paix, & pour le Mariage du Roy.

Rendons au Monarque des Cieux
Grace aujourd'huy d'vn cœur deuotieux,
Qui fauorisant nos souhaits,
Nous guerit de nos maux en nous donnant la paix.
LOVIS *ce puissant Potentat,*
Donné de Dieu, pour le bien de l'Estat,
Par ses prieres & ses vœux,

A ſi bien fait enfin, que nous ſerons heureux.

La France n'a plus d'ennemis,
Les Eſpagnols deuiennent nos Amis;
Et pour mieux noüer l'amitié,
L'INFANTE, de LOVIS, eſt la chere Moitié.

C'eſt elle qui gagne ſon cœur,
Il eſt vaincu, ce Monarque Vainqueur;
Car qui tiendroit contre ſes yeux
Qui lancent plus de traits que les Aſtres des Cieux?

L'Auguſte MERE de LOVIS,
Qui l'eſleua par des ſoins inoüis,
Gouſte en ſon cœur mille plaiſirs,
De ce qu'enfin le Ciel exauce ſes deſirs.

Dieu qui fus Autheur de la Paix,
Fais quelle ſoit ſi ferme deſormais,
Que les Lyons & que les Lys
Ne rompent plus le nœud dont tu les tiens vnis.

Mais puis qu'en ce temps ſolennel,
Noſtre deuoir eſt de chanter Noel,
Meſlons à cet air gracieux
Celuy du Iour natal du Monarque des Cieux.

AVTRE

AVTRE NOVVEAV, sur l'ancien Vaudeuille,

En pourpoinct en chemise,
En joly corps ie me suis mise, &c.

VOEVX AV CIEL POVR LE ROY, sur le sujet de la Paix generale.

C'Est à ce coup que la Paix
Comble la France de joye,
Apres trente Ans de souhaits
Nostre bon Dieu nous l'enuoye;
Pour vn don si precieux
Dont nous estions tous indignes,
Iusqu'aux Cieux
Nouueaux Cygnes,
Poussons joyeux
Des airs insignes.
Fut-il siecle plus heureux
Que l'heureux siecle où nous sommes,
LOVIS se rendra fameux
Dans la memoire des Hommes;
A la Paix, il fit la cour,
Et ce Roy plein de clemence,
Pour l'amour
De la France,

La mit au iour
Par ſa prudence.
Ce grand Monarque LOVIS,
Chery de toute la Terre,
Pour les exploits inoüis
Qu'il fait en Paix comme en Guerre,
Merite en ce temps de Paix,
Où les joyes ſont publiques,
Que ſes faits
Heroïques,
Soient les ſujets
De nos Cantiques.
Là deſſus chantons Noel
Auec vne joye extreſme,
Et prions tous l'Eternel
Pour ce Monarque qu'il aime,
Qu'apres de ſi longs trauaux
Qu'il prend pour ſa pauure France,
Vn repos
D'importance,
Soit de ſes maux
La recompenſe.

AVTRE NOVVEAV, ſur le vieux air, *Or voila Noel paßé, &c.*

REIOVISSANCE POVR LE temps des Roys, pieuse & ancienne Ceremonie, en memoire de la Naissance de Nostre Seigneur.

TOus nos chants sont superflus,
Noel n'est plus,
Nous voyons vne autre Feste,
C'est le sacré Iour des Roys,
Qui furent trois;
Sus, qu'à rire l'on s'appreste,
Choisissons, vn Roy parmy nous,
Et luy donnons vne place deuant tous;
Le sort est tombé sur toy,
Le Roy boy, le Roy boy, le Roy boy, ie le voy,
Crions tout haut le Roy boy.

Puisque tu nous és donné,
Et destiné
Pour estre Roy de la féve,
Il faut t'offrir de bon cœur
Auec honneur,
Du jus d'vne bonne scéve,
Et crier d'vn air gracieux,
Quand on le deuroit entendre jusqu'aux Cieux;
Puisque c'est l'ancienne loy,
Le Roy boy, le Roy boy, le Roy boy, ie le voy,
Crions tout haut le Roy boy.

Sus, qu'on serue proprement,
Et promptement,
Ce bon Roy que Dieu nous donne,
Qui ne sera pas ce soir
Dans son deuoir,
N'aura pardon de personne;
Prés de luy soyons deux ou trois,
C'est vne Ceremonie qu'autrefois
On fit dans l'ancienne Loy,
Le Roy boy, le Roy boy, le Roy boy, ie le voy,
Crions tout haut le Roy boy.
Voila bien rire en ce lieu,
Loüé soit Dieu,
Maintenant randons-luy graces:
Mais auant que de partir,
Et de sortir,
Remplissons encor nos tasses
En faueur de ce Roy si doux;
Et pour luy donner courage, prions tous
Que dans vn An il soit Roy,
Le Roy boy, le Roy boy, le Roy boy, ie le voy,
Crions tout haut le Roy boy.

AVTRE NOEL tout nouueau, sur l'air de *La Bergere Aminte, & le Berger Iris.*

L'HVMILITE' DE DIEV paroist si grande, qu'il choisit vne Estable pour naistre, luy qui pouuoit, en qualité de Roy des Roys, venir au Monde dans vn estat de pompe & de magnificence.

OV vont ces Bergeres?
Où courent ces Bergers?
Qu'elles sont legeres!
Et qu'ils semblent legers!
Ils quitent les Montagnes;
Et tous leurs Troupeaux, leurs Anneaux
Dans les Campagnes
S'en vont béellant, sur le bord des ruisseaux.
Ie pense connaitre
D'où leur vient ce plaisir,
IESVS vient de naistre,
Nostre commun desir;
Dans vne pauure Estable
Esloigné du bruit, à minuit,
Sauueur aimable,
Pour faire voir que la Grandeur il fuit.
En lieux magnifiques
Sous des lambris dorez,
Ou Palais rustiques
Superbement parez,
Ce Grand Maistre du Monde

Qui fit le Soleil, ſans pareil,
La Terre, & l'Onde,
Pouuoit venir auec plus d'appareil.
Mais cette Sageſſe
Qui fait tout auec poids,
Fuyant la Richeſſe
Fort contraire à la Croix;
O! Chreſtien infidele,
Te trace vn chemin, tout Diuin,
Agis comme elle,
Mépriſe tout, pour l'Immortelle fin.

NOEL NOVVEAV, ſur l'air, *Aymable Bergere, Quand tromperons-nous, &c.*

COMME LE COEVR NOVS EST donné de Dieu, auſſi luy appartient-il; Et c'eſt le plus agreable preſent que nous luy puiſſions faire, particulierement le Iour de ſa Naiſſance.

AImable Nuitée,
Quand te verrons-nous?
Nuit tant ſouhaitée

Que nous aimons tous;
Quand te verrons-nous,
Nuit tant ſouhaitée
Que nous aimons tous.
La voila venüe,
L'Eſtoile paroiſt,
Elle eſt dans la Nüe,
Et ſa clarté croiſt:
L'Eſtoile paroiſt,
Elle eſt dans la Nuë,
Et ſa clarté croiſt.
Que nous marque-t'elle
Auec ſa clarté,
Si grande, & ſi belle
Sans eſtre en Eſté?
Auec ſa clarté,
Que nous marque-t'elle
Sans eſtre en Eſté?
O pecheur! ſans doute
Ton IESVS *eſt né,*
Chacun prend la route
Du lieu deſtiné:
Ton IESVS *eſt né,*
Chacun prend la route
Du lieu deſtiné.
Bethléem ſauuage,
C'eſt le beau Palais,
Où l'on rend hommage

A ce Dieu de paix :
C'est le beau Palais ,
Où l'on rend hommage
A ce Dieu de paix.
Pecheur , que te semble
Du Dieu des pecheurs ?
Pour le voir ensemble
Vnissons nos cœurs :
Du Dieu des pecheurs,
Pour le voir ensemble
Vnissons nos cœurs.
S'il faut vne offrande
Voila le Don prest ,
La personne est grande,
Mais le cœur luy plaist :
Voila le Don prest ,
La personne est grande ,
Mais le cœur luy plaist.
Tel qu'il nous le donne ,
Chrestien , donnons-luy ,
La raison l'ordonne ,
Sur tout aujourd'huy :
Chrestien , donnons-luy ,
La raison l'ordonne ,
Sur tout aujourd'huy.
Ie le voy paraitre ,
Ha Dieu qu'il est beau !
Las ! il vient de naistre

Sur du foin nouueau:
Ha Dieu qu'il eſt beau!
Las! il vient de naiſt
Sur du foin nouueau.
Celebrons ſans ceſſ
Ce iour Immortel,
Dans mon Allegreſſe
Ie Chante Noel:
Ce iour immortel,
Dans mon Allegreſſe
Ie chante Noel.

AVTRE NOEL fort nouueau, ſur l'air,

Ie croyois Ieanneton
Auſſi douce que belle, &c.

L'ESTOILE QVI PARVT A LA Naiſſance de IESVS-CHRIST, fut le préſage aſſeuré du bon-heur de l'Homme, & de la fin de ſa diſgrace, que luy cauſa la cheutte de noſtre premier Pere.

ME trompez-vous, mes yeux?
Vne Eſtoile eſclatante

Me paroiſt dans les Cieux ;
Me trompez-vous, mes yeux ?
Helas ! helas !
Elle eſt cent fois,
Mille fois
Plus brillante,
Que tout ce que ie vois.
Ce Flambeau ſurprenant
Ne luit pas ſans myſtere,
Il eſt bien eſtonnant,
Ce Flambeau ſurprenant ;
Il faut, il faut,
Aſſeurez-vous, contre nous,
Dieu mon Pere,
Que tu ſois en couroux.
Auſſi-toſt que l'on voit
Au Ciel vn nouuel Aſtre,
Cent malheurs on préuoit
Auſſi-toſt qu'on le voit ;
On craint, on craint,
De l'Vniuers
Si peruers
Le deſaſtre,
Ou d'autres maux diuers.
Mais cet Aſtre de Paix
Aucun mal ne préſage ;
Mais cet Aſtre de Paix,
Bien loin d'eſtre mauuais,

Fait voir, fait voir,
Qu'vn Dieu Puissant, en naissant;
D'esclauage
Tire l'Homme innocent.
O qu'il fut soulagé!
Car apres son offense
Il estoit affligé:
O qu'il fut soulagé!
Son cœur, son cœur,
Que d'aujourd'huy, n'est à luy;
Cette Enfance
A finy, son ennuy.

AVTRE NOEL tout nouueau, sur la Flamande nouuelle.

Enfin chere Philis
Ie suis pris dans vos chaisnes, &c.

INVITATION AV CHRESTIEN fidele, de celebrer le saint Aduenement du Fils de Dieu, qui sauue tout le Monde, & qui vuide les Limbes, où les Iustes estoient retenus depuis tant de siecles.

APproche-toy, Chrestien,
Vn Enfant vient de naistre;
N'appréhende plus rien,
C'est ton Dieu, c'est ton Maistre;
Pour toy, c'est vn grand bien
De le pouuoir connaitre.

Les Cieux, & les Enfers,
Adorent sa Puissance;
Escoute dans les Airs
Quelle réjoüissance,
Car jamais l'Vniuers
Ne vit telle Naissance.

L'Homme plus mort que vif,
Auant qu'il fust au Monde,
Estoit souuent captif
De quelque Esprit immonde,
Qui rodoit fugitif
Sur la Terre, & sur l'Onde.

Tous les Iustes, mourans,
Loin d'estre dans la Gloire,
Descendoient soûpirans
Sous vne voute noire,
Qu'on pouuoit en ce tans
Nommer vn Purgatoire.

Ce n'est pas, ces grands Saincts,
Qu'ils souffrissent des peines,
Et qu'ils eussent aux mains
Ny des fers, ny des chaisnes,

Mais leurs vœux estoient vains,
Et leurs prieres vaines.
Ce temps predestiné
Qu'ils attendoient sans cesse,
Où le Fils de Dieu né
Terminoit toute Angoisse,
N'estoit pas arriué
Pour finir leur tristesse.
Enfin, il est venu,
Leur attente est finie,
Ils ont tous obtenu
Vne gloire infinie,
Et pas vn n'est tenu
Sous nulle tyrannie.
Les Limbes sont deserts,
L'Homme n'a plus de crainte,
Le Demon des Enfers
A beau faire sa plainte,
Il ne peut dans ses fers
Engager l'Ame sainte.
Pourueu que le Chrestien
Garde la Loy Diuine,
Et qu'il fasse du Bien
Sous la ronde Machine,
Qu'il n'apprehende rien,
Quoy que l'Enfer fulmine.
Dans ce rauissement
Où doit estre nostre Ame,

Chantons joyeusement
D'vn cœur remply de flâme,
Ce saint Aduenement
Que tout Iuste reclâme.

NOEL NOVVEAV

En forme de Dialogue, sur le chant ioyeux de Lantirelire, autrement,

Il nous faut à ce Printemps
Cueillir des fleurs & des roses, &c.

VNION DES PELERINS, ET DES Pasteurs de Iudée, pour aller ensemble adorer l'Enfant IESVS nouueau né dans l'Estable de Bethléem, & pour celebrer cette Feste, la source de toutes les autres, puisqu'elle a produit au Monde l'Autheur de la Vie, & le Triomphateur de la Mort

LES PELERINS.

OV courez-vous, chers Pasteurs,
Vous estes bien gais, me semble?
N'enten-je pas vos Fluteurs,

Qui d'accord chantent ensemble,
Lantirelire, lantirelire lan la?
Qui d'accord chantent ensemble,
Vn, vt, ré, mi, fa, sol, là.
Qu'auez-vous dans vos paniers,
Et dedans vos panetieres,
I'y voy des fruits tous entiers,
Et des offrandes entieres?
Lantirelire, lantirelire lan la,
Et des offrandes entieres;
Que veut dire tout cela?
Pourquoy ces voix dans les Airs
Qui fredonnent vn Cantique?
Iamais dedans l'Vniuers
On n'ouït telle Musique?
Lantirelire, lantirelire lan la,
On n'oüit telle Musique
Que celle que j'entends là.
Est-il quelque nopce icy
Qui réueille vostre allegresse?
Bergers, j'en veux estre aussi
Pour dissiper ma tristesse;
Lantirelire, lantirelire lan la,
Pour dissiper ma tristesse,
Et chanter mi, fa, sol, la.

LES PASTEVRS.

La Feste que nous chommons,
Est de IESVS *la venuë;*

Et comme seul nous l'aimons,
Nous en souhaitons la veuë,
Lantirelire, lantirelire lan la,
Nous en souhaitons la veuë,
Et nous courons pour cela.
L'Estable de Bethléem
Est le lieu de sa Naissance,
Dans cette Hierusalem
Il y monstre sa Puissance;
Lantirelire, lantirelire lan la,
Il y monstre sa Puissance,
Et nous l'allons tous voir là.

LES PELERINS.

Permettez-nous qu'auec vous
Nous puissions voir nostre Maistre,
L'adorer à deux genoux,
Puis qu'Enfant il vient de naistre,
Lantirelire, lantirelire lan la,
Puis qu'Enfant il vient de naistre
Dans Bethléem que voila.

LES PASTEVRS.

Nous en sommes fort contens,
Et pas vn de nous n'en gronde;
Aussi-bien ce Roy des tems
Est né pour tout le Monde,
Lantirelire, lantirelire lan la,
Est né pour tout le Monde,
Dans la Cresche que voila.

HYMNE

HYMNE
Du Bien-heureux Iean de Dieu, Fondateur de l'Ordre de la Charité.
Sur l'air joyeux & ancien
De la belle Iardiniere, &c.

LA NAISSANCE DE CE GRAND Sainct, sa charité extraordinaire, & les autres Vertus jointes à ses Miracles, l'ont rendu si recommandable, qu'il a esté jugé digne d'estre Beatifié par le Pape Vrbain VIII.

Vous qui possedez dans le Monde
Le Bien, dont on abuse icy,
Quitez ce dont la terre abonde,
Car c'est vn prophane soucy;
Et d'vn Sainct chantez les loüanges,
Puisqu'on les oit chanter aux Anges.
Mais sur tous, ie vous y conuie,
Fils de ce Pere nouricier,
Vous qui mandiez vostre vie
Sous vn vestement grossier;
Benissez sa sainte Memoire,

Et comme nous chantez sa gloire.

Quand le Portugal le vit naistre,
Il eut ce sentiment de luy,
Qu'il se feroit bien-tost connaitre,
Et seroit vn iour son appuy;
Et la verité du présage
S'est trouuée au saint Personnage.

Sa Charité fut admirable,
Et donna de l'estonnement,
Et sa sainteté venerable
Esclatta jusqu'au Firmament;
Et l'Europe oyant ses Oracles,
Fut bien surpris de ses Miracles.

O! combien par ses longues veilles
A-t'il de malades gueris?
Sans ses Charitez nompareilles
Beaucoup d'hommes fussent peris;
Et l'on vit peu de Creatures
N'auoir part à ses nouritures.

Combien fonda-t'il de retraites
Afin d'en auoir vne aux Cieux,
Pour ceux qui par de longues traites
Alloient visiter les saints Lieux;
Aux vices il faisoit la guerre,
Logeant la vertu sur la terre.

Soit que plein d'Amour & de crainte
Ce Sainct meditast en secret,
Ou priast la Majesté saincte,

Il n'auoit que Dieu paur Objet ;
Et sa belle Ame sans seconde
Le preferoit à tout le Monde.
Gloire en soit au Pere supresme,
Honneur à son Fils IESVS-CHRIST,
Puisqu'il est la Charité mesme ;
Gloire eternelle au Sainct Esprit,
Vray Dieu de Paix & de Concorde,
D'Amour, & de Misericorde.

HYMNE
De la Conception de la Vierge, sur cét ancien Air de Cour, *Frere Frappart a dit en danse, &c.*

EVE NOVS AVOIT PERDVS par sa desobeïssance, Marie nous sauue par sa Naissance, & par son humilité.

EOle retient son haleine,
Tout est calme dessus la Mer ;
Et ces Vaisseaux dont elle est pleine
Voguent sans crainte d'abismer.
Ceyx déja rend la bonnace,
Et c'est luy qui dés ce beau iour,
En faisant éclore sa race,

Eclost & la Paix, & l'Amour.

Non, non, c'est la Vierge supresme,
Qui mieux que tous les Alcions,
Dans les flancs de sa Mere mesme
Appaise les émotions.
Tout s'égaye dans la Nature,
Le Ciel rit, & la Terre aussi,
Et n'est pas vne Creature
Qui ne reuere celle-cy.

Quelque iour que ne fera-t'elle
Alors qu'apres vn long sommeil,
Elle sortira plus bien belle
Que l'Aurore, ou que le Soleil?
Puisque les graces nompareilles
De ce bel Astre fortuné,
Produisent déja des merueilles,
Mesme auparauant qu'il soit né.

Benissons IESVS qui l'enuoye,
C'est pour finir nostre mal-heur,
Et versons des larmes de joye
Au lieu des larmes de douleur
Eue par vne tromperie,
Nous perdit, ou peu s'en fallut,
Mais la sagesse de Marie
S'en va causer nostre salut.

Prions aussi ce Roy supresme,
IESVS nostre aimable Sauueur,
Que la Vierge nostre Mere aime,

Et reuere de tout son cœur.
Afin qu'il nous soit fauorable,
Sur tout en ce Iour solennel,
Où son Espouse incomparable
Prend plaisir de chanter Noel.

AVTRE NOEL NOVVEAV, sur ce bel Air de Cour,

Ne croyez pas Philis que ie vous die
En quel estat vos beaux yeux m'ont reduit.

LE SVIET DE CE CANTIQVE, est vn Courier spirituel, qui apporte au pecheur la precieuse nouuelle de son salut, & qui luy donne auis de ne plus craindre, ny la puissance du Demon, ny ses artifices, puisque Dieu n'est venu au Monde que pour les détruire, & pour renuerser les Temples & les Autels que l'Idolatrie luy auoient fait dresser.

NE croyez pas, pecheur, que ie vous die
En quel estat le peché vous réduit,
Ce Pere ingrat engendre vn mauuais fruit,
Qui vous dõne la Mort, loin de dõner la Vie.
Ie suis porteur d'vne bonne Nouuelle,
IESVS est né pour les pauures Humains;

Petit Enfant, il leur ouure les mains
Pour en faire des Saints dãs la Voute eternelle.
Ny le Demon, ny toute sa puissance,
Ne peut plus rien sur les pauures Mortels,
Il n'aura plus, ny d'Encens, ny d'Autels,
Dieu les vient renuerser par sa sainte Naissance.
Tous les pechez qu'ont commis tous les Hommes,
Leur sont remis par sa Natiuité,
Nous ne parlons que d'Immortalité,
Ny que de leur salut dans le temps où nous sommes.
Approchez-vous, ô! pecheur, sans vous plaindre,
Venez offrir vostre cœur à IESVS;
Ne craignez point qu'il en fasse refus,
Il vient pour vous oster tous les sujets de craindre.
Pour rachepter ton Ame criminelle,
Que tu commets au pouuoir du Demon,
Il vient souffrir, ce Monarque tout bon,
C'est pour te couronner dans la Gloire eternelle.

I'ay trouué cet Hymne suiuant, fait sur la Beatification de S. François de Sales, si pieux & si edifiant, qu'encore qu'il ne soit pas de moy, j'ay jugé à propos d'en faire la closture de ce Liure, pour la consolation des bonnes Ames, qui ont de la deuotion enuers ce Sainct Prelat, & qui leur peut seruir de priere pour obtenir quelques graces de luy dans leurs necessitez corporelles ou spirituelles.

HYMNVS DEO, IN LAVDEM Beati Francisci Salesij, Confessoris Pontificis.

Sur ce beau chant de l'Eglise.

A solis ortus Cardine
Ad vsque terræ limitem, &c.

FRANCISCE *lumen præsulum*
Director Innocentium,
Medela Pœnitentium,
Et pauperum solatium.

Mitis benigno spiritu
Deuotionem singulis,
Domi, forisque prædicas,
Effectus ipsis omnia.

Factis potens, dictis quoque
Fugas vbique crimina;

Et sæuientes hæreses
Conuincis absque sanguine.
Tu nominis SALESII
Splendor, piusque Virginum
Vigo Pater! quibus sacri
Præbes Amoris pabula.
Virtutis in te maximæ,
Cœlestis & scientiæ
Ac sanitatis præstitæ
Orbis colit miracula.
Proïnde, quo natus die,
Plebs, hic Deo fundit præces,
Clerusque reddit gratias,
In nominis laudem tui.
Plures vero serui Dei,
Sponsæque Christi Virgines,
Diuo parenti concinunt
Hymnum perennis gloriæ.
Deo Patri sit gloria,
Ejusque soli Filio,
Cum Spiritu Paraclito
Nunc & per omne sæculum.
Amen Noel.

FIN.

NOEL NOVVEAV,
sur celuy que l'on châte à l'Eglise, *Puer nobis nascitur, &c.*

CES PAROLES NOVVELLES, qui expriment la Naissance du Fils de Dieu, & la cruauté d'Herodes enuers les Innocens, sont paraphrasées du Latin cy-dessus allegué.

VN petit Enfant est né
Roy des Anges & des Cieux,
Que son Pere a destiné
Pour souffrir en ces bas lieux.
Dans la Cresche il est venu
Au plus rude des Hyvers,
Des Animaux reconnu
Pour le Roy de l'Vniuers.
Tous les celestes Esprits
Dedans leur rauissement,
Par leur doux chant ont surpris
La Terre & le Firmament.
Les Pasteurs à ce saint bruit
Ont quité Prez & Troupeau,
Et marchant toute la nuit
Ont cherché ce Roy nouueau.

Dans l'Estable, tremblottant,
Et les larmes dans les yeux,
Chacun d'eux a veu content
Ce grand Monarque des Cieux.
Herode bien estonné
Crevoit de rage en son cœur,
De sçauoir qu'il estoit né
Au Monde vn nouueau Seigneur.
Deslors il se resolut,
Rongé de soucis pressans,
A quelque prix que ce fut
D'égorger les Innocens.
Aussi-tost on entendit
Expirer de toutes parts,
Les Enfans qu'il auoit dit
Sous le glaiue des Soldarts.
IESVS ainsi le voulut
Pour honorer ce saint Iour,
Et que ce fust le salut
De ces victimes d'Amour.
Loüons ce Diuin Sauueur,
Et sa sainte Mere aussi,
Qui Vierge eut le seul honneur
De le faire naistre ainsi.
Si dans ce Iour solennel
Elle daigne oüir nos vœux,
Esperons d'auoir au Ciel
Place auec les Bien-heureux.

Là dessus chantons Noel,
Puisque ce Dieu Triomphant,
Pour sauuer l'Homme mortel,
Comme luy s'est fait Enfant.

NOEL NOVVEAV,
sur l'ancien Air d'Albiac.

Venez en diligence
Peuple pour escouter, &c.

LES HONNEVRS QVE LES Bergers & Peuple de Iudée rendent à IESVS, en le visitant dans l'Estable de Bethléem, & la joye qu'ils conçoiuent dans leur cœur de le voir entre les bras de sa sainte Mere.

V*Enez en diligence*
Bergers en Bethléem,
C'est dans son importance
Vne Ierusalem;
C'est là que vient de naistre
IESVS *nostre bon Maistre,*
Du Monde Souuerain;
Pour sauuer tout le Monde,
Que le Demon innonde,

Tenoit dessous sa main.
La joye est innondée,
On n'entend que chanter ;
De toute la Iudée
On le vient visiter ;
Petits, & grands, n'importe,
Chacun de cœur apporte
Ce qu'il a de plus cher ;
Et venu dans l'Estable,
La presse est incroyable
Afin d'en approcher.
L'vn le genoüil en terre
L'adore de bon cœur ;
Bien surpris qu'vne pierre
Soit le lit d'vn Sauueur ;
L'autre, le pied derriere,
Cherche en sa pannetiere,
Décoiffant son chapeau ;
S'il a, petite ou grande,
Dequoy faire vne Offrande
A cet Enfant nouueau.
La Vierge qui le baise
Dans son sacré giron,
Témoigne estre bien aise
Qu'on luy fait quelque Don ;
Ioseph les remercie
Au Nom de ce Messie,
Et les fait reposer ;

Ioyeux, que l'on reuere,
Et le Fils, & la Mere
Qu'on ne peut trop priser.

NOEL NOVVEAV,

sur l'Air plaisant des Seruantes,
Voicy la mode plaisante,
Cachez, cachez vos rubans, &c.

LE IOVR DE NOEL PEVT ESTRE appellé le plus heureux des Iours, puisque IESVS-CHRIST l'a choisi sur tous les autres pour naistre au Monde, & pour rendre à l'Homme la grace qu'il auoit perduë par le peché de nostre premier Pere.

VOicy la sainte Iournée
Que l'on appelle Noel;
Iour de bonne destinée
Pour tout le Peuple mortel.
Celebrons-là saintement
Puisqu'elle fait nostre joye,
Car ce saint Aduenement
Se celebre au Firmament.
Il ne faut pas s'estonner

De cette rejoüissance ;
IESVS nous vient pardonner
Par son Auguste Naissance ;
Adam nous auoit vendu
Par sa malice insidele ;
Cet autre nous a rendu
Ce que nous auions perdu.
Las ! qu'il t'est doux, ô Chrestien !
Apres ta triste aduanture,
De pretendre encor au bien
D'vne Richesse future ;
Si cet Enfant bien-heureux
Ne fut pas venu sur terre,
Dans le Limbe tenebreux
Serois-tu pas mal-heureux ?
Chante donc en ce saint Iour,
D'vn cœur animé de flâme,
Vn Noel tout plein d'Amour
Qui satisfasse ton Ame.
Toute la Terre aujourd'huy
Celebre IESVS son Maistre ;
Ne celebre aussi que luy,
Puisqu'il est ton seul appuy.

❧

AVTRE NOEL NOVVEAV, ſur vne chanſon du temps, qui commence;

I'aime tous les lieux où ie paſſe,
Ie me plais à changer ſouuent, &c.

L'ESTABLE DE BETHLEEM eſt preferable aux plus riches & ſomptueux Palais du Monde, puis qu'elle a eu l'honneur de ſeruir de Berceau au Monarque du Ciel & de la Terre.

I'Aime ce lieu que noſtre Maiſtre
Sanctifia dans ce ſaint Iour,
Cette Eſtable qui le vit naiſtre,
Et qui fut ſon premier ſejour;
Quoy qu'elle ſoit vne Chaumiere,
Elle charme pourtant mes yeux,
Puiſqu'elle a receu la Lumiere
La plus belle qui ſoit aux Cieux.
Tant que le Monde ſera Monde,
Que Bethléem aura d'honneur!
D'auoir de la Machine ronde
Logé le Diuin Createur.
Eſt-il Ville deſſus la Terre

Que l'on luy puisse comparer!
Et qui n'acheptast, par la guerre
Ce bien, qui la fait reuerer.

Mais cette faueur Eternelle,
Sujet de sa felicité,
Ne fut écrite que pour elle
Dans le sein de l'Eternité.
Qu'heureuse fut cette Contrée
Que l'on visite tous les iours,
Où la Vierge s'est rencontrée
La nuit de ce plus beau des iours.

AVTRE NOEL NOVVEAV, en forme de Dialogue entre deux Bergers. Sur la chanson Pastorelle, *Bon-jour, petite Fanchon, &c.*

IL PERSVADE SON AMY d'abandonner le soin de son Troupeau; & le voyant ignorer que IESVS soit né, il l'exhorte à venir voir ce Thresor inestimable, & luy fait vne description naïfue des choses miraculeuses qui accompagnent sa Naissance.

LE PREMIER BERGER.

Bon soir, Berger mon Amy,
Où vais-tu, tout hors d'haleine?
Tu deurois estre endormy;
Pourquoy prends-tu tant de peine?
On ne voit goute, il est nuit,
Et ie croy qu'il est minuit.

LE SECOND BERGER.

Es-tu seul qui ne sçay pas
Ce qu'à minuit il se passe?
Quand ie deurois estre las,
Ie ne puis demeurer en place;
En Bethléem ie vais droit
Encor qu'il fasse bien froit.

Vn beau jeune Enfant est né,
Que Fils de Dieu l'on appelle,
Son Pere l'a destiné
Pour sauuer la Gent mortelle;
Si tu ne m'adjoutes foy,
Vien le voir auecque moy.

Voy-tu de loin cet éclair
Qui va perçant la nuit sombre,
Et ces voix, qu'on oit dans l'air
Confusément, & sans nombre?
Ce sont les Anges des Cieux
De sa Naissance joyeux.

LE PREMIER BERGER.

Allons, tu me fais plaisir,

J'ignorois cette venuë ;
Ie brûle d'vn saint desir,
Depuis que dedans la nuë
I'ay découuert les beautez
De ces diuines Clartez.

LE SECOND BERGER.

Lorsque tu verras IESVS
Entre les bras de sa Mere,
Tu ne te souuiendras plus
De ton ancienne misere ;
Et dans l'Estable, toûjours
Tu voudrois finir tes iours.

AVTRE NOEL NOVVEAV, sur l'air folâtre de la Coquille.

LES FORCES DV DEMON SONT affoiblies par la Naissance du Fils de Dieu ; & le Iour heureux de sa venuë au Monde, ferme la bouche aux faux Oracles de l'Antiquité.

VId-on jamais dedans ce bas Monde
Enfant plus beau, que l'Enfant
Aujourd'huy né sous la Voute ronde,
Qui du Demon s'en va Triomphant ?

Ce fier Tyran, ce Serpent immonde
N'ira plus l'Homme estouffant.
C'est fait, c'est fait, adieu sa puissance,
L'Enfant IESVS *nostre appuy*
Le rend muet dedans sa Naissance;
Et ce Sauueur qui vient aujourd'huy,
Luy fait bien voir, que dans son Enfance
Il est bien plus fort que luy.
Plus de faux Dieux, plus jamais d'Oracles,
Le Dieu des Dieux est venu;
Il fait Enfant, déja des Miracles,
Et comme tel il est reconnu;
Plus de faux Dieux, plus jamais d'Oracles,
Le Dieu des Dieux est venu.

AVTRE NOEL NOVVEAV, sur cet air galant,

Ma Ieanneton, tout de bon,
Ie me meurs, &c.

VN BERGER, QVI SCAIT QVE IESVS est né dans l'Estable, inuite vn autre Berger qui l'ignore de le visiter auec luy, & luy raconte les apparitions des Anges dans l'Air, pour annoncer sa venuë aux Pasteurs de la Iudée.

AMy Berger que j'ay de joye
De te rencontrer en ce lieu ;
Ie pense que le Ciel t'enuoye
A moy, pour voir le Fils de Dieu ;
Tu ne sçais pas
Ses appas,
Et pour moy
Ie me meurs, si ie ne le voy.

Du sein des Cieux, i'ay veu des Anges
Descendre dans le sein des Airs,
Qui tous celebroient les loüanges
De ce grand Roy de l'Vniuers ;
Tu ne sçais pas
Ses appas,
Et pour moy
Ie me meurs, si ie ne le voy.

Ce n'estoient que viues Lumieres
Qui charmoient doucement mes yeux ;
Ie passerois cent nuits entieres
Pour les voir encor dans les Cieux ;
Tu ne sçay pas
Leurs appas,
Et pour moy
Ie me meurs, si ie ne le voy.

Soit qu'au sommet de nos Montagnes
Tu fusses gardant ton Troupeau,

Ou dedans nos froides Campagnes
Tremblant ſur le bord d'vn ruiſſeau ;
N'as-tu point veu ?
Entendu
Leurs concerts,
Les plus doux de tout l'Vniuers.
Mais ſi tu m'en crois, ie te prie
De venir à cent pas d'icy,
Tu verras IESVS *& Marie,*
Et ſon Pere Ioſeph auſſi ;
Tu ne ſçais pas
Leurs appas,
Et pour moy
Ie me meurs, ſi ie ne les voy.
Tu ſeras rauy, ie m'aſſeure,
De voir, quoy qu'en vn pauure lieu,
L'Autheur de toute la Nature,
Et le Fils vnique de Dieu ;
Tu ne ſçais pas
Ses appas,
Et pour moy
Ie me meurs, ſi ie ne les voy.

NOEL NOVVEAV, ſur le Vaudeuille renouuellé, *Lanturelu, &c.*

QVELQVE GLOIRE QVE L'ON donne à Dauid, d'auoir (encore Enfant) triomphe de l'Armée des Philistins, en la personne de Goliath; Il n'est apres tout, consideré que comme l'Ombre & la Figure de IESVS-CHRIST, qui dans ses Langes, & dans le moment de sa Naissance, a détruit l'Enfer, & surmonté ses forces, redoutables à toute la Terre.

QV'on chante la Victoire,
Et le fameux Combat,
De Dauid, plein de gloire
Qui défit Goliath,
Lorsque Berger sincere,
En qualité d'Enfant,
De sa Fonde legere
Il s'en vit triomphant.
Pour moy, du Roy des Anges
Ce Dauid précieux,
Ie chante les loüanges
Puisqu'on les chante aux Cieux;
Qui naissant dans l'Estable
Entre deux Animaux,
A triomphé du Diable
La source de nos maux.
Ce Goliath à craindre

Plus que le Philistin,
Aux Mortels faisoit plaindre
Leur mal-heureux Destin;
Mais IESVS nostre Maistre,
Pour le faire creuer,
Parmy nous voulut naistre
Afin de nous sauuer.
Dieu sçait si dans le Monde
Ce fut vn grand plaisir,
Qu'vne Vierge feconde
Enfantast le Desir,
De tant de saintes Ames,
Qui depuis cinq mille ans
Soûpiroient dans les flâmes
En attendant ce tans.
Ceux qui goutoient la vie
En ce mortel sejour,
Auoient l'Ame rauie
De voir ce Dieu d'Amour
Dans son Palais champestre,
On se pressoit si fort,
Que pour voir ce bon Maistre
On eut souffert la mort.
Bergers & Bergerettes
Laissant là leurs Troupeaux,
Tenant en leurs Houlettes,
Ou bien leurs Chalumeaux,
Auec des Dons rustiques

S'en alloient gayement,
En chantant des Cantiques
Pour voir ce Dieu charmant.
O Bergers! que j'envie
Ce bon-heur sans égal;
Vous auez veu la Vie
Dans son pays natal,
Mesme en quitant le Monde
Vostre Esprit immortel,
Qui sur le Ciel se fonde
Voit l'Esprit Eternel.
Et moy dessus la Terre
Toûjours dans l'embarras,
Toûjours faisant la guerre
Aux Demons de là bas,
Ie crains, foible en la grace,
Fermant à tout les yeux,
N'auoir point de place
Dans la Voute des Cieux.
Mais courage, mon Ame,
Ne desespere rien,
IESVS, pour toy de flâme
Va naistre pour ton bien;
S'il sauue à sa Naissance
Les cœurs remplis de foy,
Croy, sa Toute-puissance,
Et le Ciel est pour toy.

FIN.

www.ingramcontent.com/pod-product-compliance
Lightning Source LLC
LaVergne TN
LVHW020030170826
845678LV00001B/199

* 9 7 8 2 3 2 9 7 3 6 1 2 9 *